I^{8°}K
13 662

DEPOT LEGAL
Aisne
N° 84
18

Alliance Républicaine Progressiste

DE L'ARRONDISSEMENT DE CHATEAU-THIERRY

CONFÉRENCE

FAITE

à Viels-Maisons

LE 8 NOVEMBRE 1903

PAR

A. POISSON

Membre du Comité de l'« Alliance »

CHATEAU-THIERRY
IMPRIMERIE MODERNE
15, Grande-Rue, 15

L⁶ 57
13662

LA QUESTION RELIGIEUSE

Congrégations — Liberté de l'Enseignement — Concordat

Alliance Républicaine Progressiste

DE L'ARRONDISSEMENT DE CHATEAU-THIERRY

CONFÉRENCE

FAITE

à Viels-Maisons

LE 8 NOVEMBRE 1903

PAR

A. POISSON

Membre du Comité de l'« Alliance »

CHATEAU-THIERRY
IMPRIMERIE MODERNE
15, Grande-Rue, 15

L b 57
13662

LA QUESTION RELIGIEUSE

Congrégations - Liberté de l'Enseignement - Concordat

I. — La Situation des Progressistes

MESSIEURS,

Ayant reçu mission de notre Comité de venir ici parler devant vous des problèmes politiques qui agitent en ce moment notre pays, j'ai résolûment demandé de traiter la question religieuse.

Je ne me dissimule aucunement que quiconque ose aborder aujourd'hui ce sujet dans un esprit différent de celui du fameux « Bloc » radical-socialiste, risque fort d'être immédiatement traité de clérical et de calotin.

Ceux qui poussent ce cri se flattent d'imprimer ainsi une marque indélébile et infamante comme jadis on marquait les forçats au fer rouge.

Et il est, en effet, véritable que la crainte de cette tare, si imméritée soit-elle, glace certaines bonnes volontés timides.

Un académicien d'infiniment d'esprit, Emile Faguet, analysant l'état d'âme des différents partis, écrivait l'an dernier :

> Toutes les bonnes volontés libérales du parti progressiste sont paralysées par la terreur où il est continuellement de passer pour clérical. Comme il est modéré, il a toujours peur qu'on ne lui dise : Pourquoi êtes-vous modéré, si ce n'est parce qu'au fond vous êtes clérical, et pouvoir ménager le clergé sous prétexte de modération? Comme il est libéral, il a toujours peur qu'on ne lui dise : Pourquoi êtes-vous libéral si ce n'est parce qu'au fond vous êtes clérical? Puisque les libertés ne peuvent profiter en France qu'aux cléricaux, quiconque est libéral est clérical... »

Et Faguet ajoute :

> A ce raisonnement, tout le libéralisme des progressistes s'écroule. Il n'y a pas un progressiste qui reste libéral dès qu'il a le soupçon qu'on le soupçonne d'être suspect de cléricalisme.

Eh bien! Messieurs, cette amusante boutade d'Emile Faguet est aussi fausse qu'injuste. L'attitude si résolue de nos amis à la Chambre, celle des Renault-Morlière, des Aynard, des Ribot, leurs votes toujours conformes à la doctrine de l'ordre et de la liberté, malgré les invectives venant tantôt de droite, tantôt de gauche, montrent que le parti progressiste possède au plus haut degré cette vertu du courage civique plus rare encore et non moins précieuse que celle du courage militaire.

Parmi eux se rencontrent des libre-penseurs, des protestants, des catholiques. Chacun pense et croit ce qu'il veut sans s'inquiéter des opinions philosophiques et religieuses de son voisin, car chacun regarde la conscience comme inviolable et sacrée.

Mais il est un lien qui les unit tous avec une force autrement grande que la « haine féconde », célébrée par M. Jaurès, ou simplement les appétits qui unissent les gens du bloc : c'est l'amour de la liberté, c'est la volonté de défendre les droits de l'homme tels que nos pères les proclamèrent en 1789.

Ces droits de l'homme, vous le savez, comprennent explicitement la liberté de conscience et la liberté religieuse. Mais d'une manière plus générale nous voyons inscrit en tête ce grand principe :

> Le but de toute société politique est la conservation des droits naturels et imprescriptibles de l'homme. Ces droits sont : la liberté, la propriété, la sûreté et la résistance à l'oppression.

Ah ! Messieurs, combien malheureusement en France cette idée primordiale de liberté, de nécessité de résister à l'oppression est encore loin d'être profondément enracinée dans les intelligences et dans les cœurs !

A peine délivrée de l'absolutisme monarchique, la France est devenue la proie des Jacobins de 1793. Leur tyrannie sanguinaire la rejette aux bras de la dictature. Bonaparte, avec toute la clairvoyance et la précision de son cerveau génial, forge alors cet étau administratif qui depuis cent ans tient solidement chaque citoyen dans ses puissantes mâchoires. C'est cette administration de Bonaparte qui nous étreint aujourd'hui encore. Dans la pratique, elle vaut, en somme, ce que vaut celui qui la dirige : cléricale sous la Restauration, bonasse sous Louis-Philippe, impérieuse et policière sous le second Empire. C'est un instrument de règne, c'est-à-dire un moyen, avec ou sans la loi, de faire prédominer la volonté et la pensée de celui qui détient le pouvoir, à l'encontre même des droits naturels de l'homme et du citoyen.

Le *principe d'autorité* nous domine. L'ombre du *maître*,

qu'il soit un empereur ou un club démagogique, pèse sur nos cerveaux et asservit nos volontés. Le sentiment véritable de la liberté manque. On la veut bien pour soi, mais on la refuse aux autres. Et comme il faut chercher à légitimer cette injustice on dit avec M. Combes et ses partisans : « Pas de liberté pour ceux qui propagent l'erreur ; pas de liberté pour ceux qui ont été les éternels adversaires de la liberté ! »

Messieurs, on peut dire que c'est là la pierre de touche de l'esprit libéral. Cette formule est comme la crête qui sépare les esprits libéraux des esprits sectaires, soit cléricaux, soit jacobins.

Les libéraux, en effet, veulent la liberté *même pour les anti-libéraux*. Ils veulent, comme l'a dit si bien un ami des gouvernants, sinon du gouvernement, *la liberté même de l'erreur.*

Vous connaissez le proverbe : « Qui veut tuer son chien, l'accuse de la rage. » Eh bien, si l'on adoptait la formule jacobine : « pas de liberté pour l'erreur », je vous le demande, où s'arrêterait-on dans le despotisme et la persécution ? Les gens au pouvoir se regarderaient toujours comme les dépositaires de la vérité absolue, tandis que leurs adversaires seraient toujours des animaux enragés bons à détruire par tous moyens. Si bien que, dans ce triste système, la moitié de la nation doit toujours gémir sous la tyrannie de l'autre.

Les Jacobins hissés aujourd'hui au haut de la roue semblent oublier que l'histoire nous la montre ayant tourné et tournant toujours. *Hodie mihi, cras tibi!* Et l'aventure de leur vieille ennemie, l'église catholique, autrefois triomphante, aujourd'hui si furieusement attaquée, pourrait bien devenir la leur !

Les Républicains Progressistes réclament la liberté *pour tous les citoyens indistinctement ;* mais comme ce ne sont naturellement pas les libertés de la majorité qui sont en jeu, ils sont contraints, par leurs principes mêmes, de prendre place dans l'opposition pour défendre les droits de la minorité opprimée, quelles que soient ses croyances, quel que soit son habit !

C'est ainsi, Messieurs, que les progressistes se sont fait un devoir sacré, quoique parfois ingrat, de défendre franchement et ouvertement la liberté religieuse.

Aussi bien, toute la politique gouvernementale actuelle s'est-elle volontairement enfermée dans la question religieuse. Lisez les discours de M. Combes à Tréguier, à Marseille, à Clermont, tout ce qui n'est pas cette question y semble considéré comme accessoire et gênant. Toute la force du Bloc se concentre dans la lutte religieuse.

II. — L'Idée religieuse et l'Anticléricalisme

Mais, pourrait-on dire, cette expression de lutte religieuse est fausse. Les ministres, M. Pelletan lui-même, ont maintes fois déclaré qu'il ne s'agissait pas de guerre à la religion, mais de guerre au cléricalisme.

Cela est exact, au moins quant aux paroles prononcées. Mais il en va tout autrement dans la pratique ! En effet, les hommes d'extrême-gauche professent que ces distinctions et ces subtilités sont des chinoiseries qui ne signifient rien. « Le cléricalisme, dit-on, ne sera mort que lorsqu'on aura tué la religion elle-même ». Telle est l'opinion nette et crue de la fraction avancée du Bloc. Et comme cette fraction est la plus bruyante et la plus violente, elle entraine, comme toujours, le reste à sa suite y compris M. Pelletan et M. Combes, malgré leurs protestations intermittentes. Si vous lisez l'*Action* ou *La Lanterne*, ou bien, ici même, *Le Peuple* de Château-Thierry, vous n'aurez point de peine à voir que, par delà les congrégations et le Concordat, c'est bien la religion elle-même qu'on vise et qu'on veut détruire.

Cette tournure d'esprit, cette campagne intransigeante n'est pas sans inquiéter ceux qui, dans le Bloc, osent encore penser.

Un de ses grands pontifes, M. Buisson, député de Paris et ancien directeur général de l'Enseignement primaire, a écrit récemment sur ce sujet un intéressant article dans la *Revue Politique et Parlementaire*. Cet article, remarquable par l'élévation des idées qui s'y trouvent exprimées, est intitulé : « La crise de l'anticléricalisme ». M. Buisson essaie d'abord d'établir le départ entre le *bon* et le *mauvais anticléricalisme*. Il reconnait qu'il existe un anticléricalisme étroit et borné qui consiste à confondre le cléricalisme avec la religion et à combattre la religion elle-même considérée comme une imposture, et une exploitation par les clergés d'un instinct de crédulité qui serait une sorte de maladie mentale, de tare théologique.

C'est là, selon M. Buisson, un anticléricalisme vulgaire et grossier. Et il le réfute éloquemment en montrant tout ce qu'il y a de légitime dans le sentiment religieux.

Il rappelle le splendide édifice philosophique de Kant,

fondé tout entier sur la *conscience morale* et sur les ordres impératifs qu'elle donne à l'homme :

Que peut bien signifier, dit M. Buisson, un impératif moral si absolument intransigeant chez un être qui ne vit qu'un jour, dont il ne restera rien demain ? Et qu'importera dans la suite infinie des siècles que ce fantôme éphémère ait cédé à ses passions ou qu'il se soit raidi contre elles pour obéir à je ne sais quel maître invisible dont il ne sait même pas le nom ? Faut-il attendre de pouvoir répondre pour se décider à faire son devoir ?

Certains comptent sur la science pour nous donner la clef de tout. Ils mettent là leur foi et font de la science une nouvelle religion. D'autres prétendent au contraire que la science a fait faillite. Il y a erreur des deux côtés.

La science, reprend M. Buisson, après avoir fait honneur à tous ses engagements, arrivée à la limite de son domaine et de son pouvoir, ne nous dissimule pas qu'il y a un au-delà infini : sa dernière leçon, et non la moindre, c'est que la science, notre seule méthode d'investigation et notre seule source de connaissance légitime, n'épuise pas le réel, pas plus que notre conscience n'épuise l'idéal ; longtemps après qu'elle a fini de parler l'esprit humain écoute encore ; il questionne et elle ne répond pas ; il conserve une soif de savoir qu'aucune science positive ne peut quant à présent ni supprimer, ni blâmer, ni satisfaire. Elle nous explique ou nous expliquera un de ces jours le *mécanisme* de la vie ; mais qu'est-ce que la vie ? Et que signifie-t-elle dans l'infini de la durée ? La science n'a rien à dire !

Bien que ceci ressemble un peu à un sermon, je crois que vous auriez regretté que je n'aie pas cité ce magnifique passage sur la légitimité du sentiment religieux.

Lorsqu'il attaque ce sentiment, l'anticléricalisme est absurde et odieux. Quant aux dogmes, aux religions positives, dit M. Buisson, le libre-penseur a certes le droit de les attaquer mais *ce ne peut être qu'au moyen de la libre discussion et l'Etat ne doit pas intervenir dans le débat.*

La libre-pensée n'est pas un Code de doctrines s'opposant aux autres ; c'est une *méthode*, la méthode du libre-examen..., elle n'exclut rien, ne supprime rien, si ce n'est la prétention de supprimer la raison.

Pour ma part, j'approuve entièrement cette revendication des droits de la raison humaine. Encore faut-il cependant ne pas demander à la raison ce qu'elle ne peut donner.

Nombre de libres-penseurs sont trop portés à la diviniser, à en faire le centre et comme l'âme de l'univers.

Pas plus que je ne la place au rang infime où la ravalait Pascal, je ne suis disposé à admettre sa toute-puissance même future.

Avec une profondeur admirable, Herbert Spencer a écrit :

> L'intelligence n'est pas un pouvoir, c'est un *instrument*. Elle n'est pas une chose qui meut mais une chose qui est travaillée par des forces qui sont derrière elle. Dire que les hommes sont gouvernés par la raison est aussi irrationnel que de dire qu'ils sont gouvernés par leurs yeux..... vous avez beau étendre l'horizon de la raison, les passions détermineront encore la direction vers laquelle elle doit être tournée. L'intelligence sera justement employée à accomplir ces fins que les instincts et les sentiments proposent, la culture de l'intelligence n'ayant rien fait qu'accroître leur habileté à les accomplir.

Donc, Messieurs, tout en rendant hommage à la légitimité du libre-examen, tout en reconnaissant les droits de la raison, je crois, avec ce grand penseur, qu'il ne faut pas, par crainte des superstitions religieuses, tomber dans la superstition de l'infaillibilité du rationalisme.

Cela me mène à approuver avec encore plus de force l'axiome posé par M. Buisson :

> L'Etat ne doit pas intervenir dans les débats entre les dogmes religieux et la libre-pensée.

Mais, les religions positives, outre qu'elles donnent au croyant sa raison d'être et son but, lui fournissent les moyens pratiques d'atteindre ce but. Elles prennent l'homme à sa naissance et le guident à tout instant de la vie. Comme d'ailleurs le prêtre ou le pasteur indique et prescrit ces moyens, il a sur chaque fidèle et sur tout le troupeau une influence générale et constante.

A quel moment le prêtre commencera-t-il à sortir de son ministère purement religieux pour envahir le domaine civil ? A quel moment abuse-t-il de son caractère religieux pour se saisir du pouvoir politique ?

C'est cette minute qui marquera l'avènement du cléricalisme.

Dans une brillante revue historique, M. Buisson nous montre comment l'Église, après avoir sauvé la civilisation lors de l'invasion des barbares, se trouva héritière de tous les pouvoirs législatifs, judiciaires et administratifs au milieu de l'universelle destruction : comment peu à peu la royauté se dégagea de sa tutelle et comment l'idée du pouvoir exclusivement civil, de l'Etat laïque se fait jour et triomphe progressivement par la reprise successive de toutes les fonctions monopolisées par l'Église au Moyen Age.

L'anticléricalisme ne fut rien autre chose que cette revendication des services normalement civils et militaires par l'Etat laïque.

Toute la question est donc de savoir s'il reste encore aujourd'hui quelque chose à revendiquer; si les Eglises jouissent encore de privilèges anormaux, de quelque exception au droit commun?

M. Buisson, dont nous nous séparons absolument sur ce point, répond oui, et ne fixe le terme de la campagne anticléricale qu'après l'obtention des trois réformes (?) suivantes :

Suppression de toutes les congrégations;

Abrogation de la loi Falloux;

Séparation de l'Eglise et de l'Etat.

Il estime, qu'après toutes les sécularisations opérées depuis Charlemagne, il subsiste encore trois privilèges insupportables en faveur de l'Eglise.

Nous autres, au contraire, croyons que sur deux au moins de ces points c'est le droit commun qu'on veut violer, et que sur le troisième, sous prétexte de détruire un privilège qui n'existe pas, on nous conduirait aux pires aventures.

III. — Les Congrégations

Messieurs, on parle aujourd'hui couramment, comme fait M. Buisson, de la suppression des *congrégations autorisées*. Cela seul mesure le chemin parcouru depuis 1901, époque où fut abordée la discussion de la loi sur les associations.

Peut-être vous souvient-il qu'un amendement fut proposé à l'article 13 par un député socialiste. Il n'était pas de ces socialistes nouveau modèle, qui, satisfaits et repus, banquètent aujourd'hui avec les rois et les empereurs.

Le citoyen Zévaès, malgré son jeune âge, avait refusé de se courber sous la férule de MM. Jaurès et Millerand et il proposa carrément que *toutes les congrégations* fussent supprimées et demeurassent interdites sur le territoire français. Ce pavé provoqua alors grand émoi dans la mare aux grenouilles, et ce fut dans le Bloc un concert de protestations que les gens naïfs purent croire sincères. Le grand promoteur de la loi, M. Waldeck-Rousseau, monta lui-même à la tribune pour repousser catégoriquement l'amendement Zévaès.

Et cependant M. Zévaès n'avait fait que tirer les déductions logiques des arguments employés par M. Waldeck-Rousseau : « L'ordre public, avait dit en substance le président du Conseil, prohibe le renoncement aux droits attachés à la personne. Le Code civil (art. 1780) interdit les engagements perpétuels et déclare (art. 1128) que les choses seules qui sont dans le commerce peuvent faire l'objet d'une convention. Donc on ne peut légalement renoncer au droit de posséder, de se marier, de librement agir et vivre. Et comme c'est justement l'objet des vœux de chasteté, de pauvreté et d'obéissance constitutifs de toute régle monacale, on peut dire que l'essence même de la congrégation est contraire à l'ordre public ».

Tel était le raisonnement. Je le trouve absolument faux pour des considérations dont le développement m'entraînerait trop loin. Mais si l'on en admettait le principe, il n'y avait réellement aucun motif pour que telle congrégation survécût plutôt que telle autre *même autorisée*, toutes étant également entachées des mêmes vices rédhibitoires de pauvreté, chasteté et obéissance.

En repoussant l'amendement Zévaès, M. Waldeck-Rousseau entendait-il se donner des allures modérées pour faire passer la loi, comptant sur de plus violents que lui pour en tirer ses dernières conséquences ? Était-il au contraire sincère comme lorsqu'il donnait à tous dans les couloirs de la Chambre des assurances de bienveillante application ? Je laisse à d'autres le soin de démêler la psychologie de ce personnage énigmatique en qui ni radicaux ni modérés ne savent plus s'ils ont un ami ou un adversaire.

Un fait est certain, c'est qu'au lieu d'apporter une loi sur les associations largement libérale et tolérante comme l'avait fait ce grand républicain d'hier, M. Goblet, M. Waldeck-Rousseau, profitant de grands et condamnables excès commis par certains moines, fit voter une loi dont la seconde partie, spécialement consacrée aux congrégations, est une *loi d'exception* et, à proprement parler, une loi de *bon plaisir gouvernemental*.

Vous savez, en effet, que, d'après la loi de 1901, tandis qu'une loi, c'est-à-dire un vote des deux Chambres, est nécessaire pour autoriser une nouvelle congrégation, il suffit d'un décret, c'est-à-dire d'un acte purement gouvernemental, pour dissoudre une congrégation déjà autorisée. Il s'ensuit qu'aujourd'hui M. Combes *peut d'un d'un moment à l'autre, sous un prétexte quelconque, fermer tous les établissements congréganistes existant encore légalement.*

Et c'est bien ce qu'à grands cris on le presse de faire. Et c'est cette mesure suprême que M. Buisson considère comme l'une des dernières conquêtes nécessaires de l'anticléricalisme.

> C'est en effet, dit-il, l'effet d'un privilège monstrueux qu'on puisse demander à l'Etat de passer un contrat avec un groupe d'hommes ou de femmes qui lui demandent de constater qu'ils ont renoncé à leur personnalité et à ses droits..... et puis, qu'en échange de ces déclarations, pour bien river les chaînes de ces esclaves peut-être volontaires, la nation confère à cette congrégation la personnalité civile..... La République, doit se refuser formellement à consacrer par un surcroît de faveurs un acte collectif de rupture avec la famille et la société.

Pour nous autres libéraux, il est absolument impossible d'apercevoir en quoi l'ordre public est intéressé dans cette matière, ou quel privilége il y a à laisser vivre en commun, dans un certain état physique et moral, des gens à qui l'on reconnait d'ailleurs le droit de vivre de même manière, c'est-à-dire pauvres, chastes et soumis, dans des locaux séparés. En réalité, l'argument de M. Waldeck-Rousseau, repris ici par M. Buisson, atteint non pas seulement tous les congréganistes mais tous les célibataires où qu'ils soient; ce qui touche à la bouffonnerie.

Le raisonnement de M. Buisson se double en outre d'un sophisme véritablement un peu gros. Il ne s'agit, en effet, en rien de demander à l'Etat la *consécration des vœux monacaux*. Vous savez tous, et M. Buisson sait mieux que personne, que tout congréganiste garde le droit de sortir à tout moment de son couvent, de se séparer de son ordre, et que, depuis bien longtemps, l'Etat ne reconnait plus à la congrégation aucune action ayant pour but de contraindre un de ses membres à demeurer dans son sein.

Tout ce que la congrégation demande, c'est simplement la jouissance de ce droit d'exister qui est inscrit pour tous les Français, dans l'article 1 de cette fameuse loi de 1901, ainsi conçu :

> L'Association est la convention par laquelle deux ou plusieurs personnes mettent en commun, d'une façon permanente, leurs connaissances ou leur activité dans un but autre que de partager des bénéfices.

Voilà le *droit commun* et la *liberté*. Que les membres de l'association se soient promis de vivre pauvres, chastes et d'obéir à l'un d'eux, cela ne regarde pas l'Etat.

Il n'a strictement le droit d'intervenir que pour sauvegarder ses droits fiscaux. Ceci est la question de la mainmorte, qui est absolument distincte de celle qui nous occupe, laquelle se résume en la *liberté d'exister*.

Tout ce qu'on peut faire législativement ou administrativement en dehors de cette liberté de droit commun ne peut être présenté que sous le couvert de la *Raison d'Etat.*

M. Waldeck-Rousseau a fait de la Raison d'Etat son principal et suprême argument et il n'a pas craint de se représenter comme le continuateur de l'œuvre de la monarchie absolue. Comme si, depuis, nous n'avions pas eu 1789!

La Raison d'Etat, Messieurs, c'est, à toutes les époques le prétexte de toutes les tyrannies, de tous les coups de force, de toutes les violations des droits naturels des citoyens. C'est elle, sous Louis XIV, qui persécute et chasse les protestants de France; c'est elle, sous Robespierre, qui inonde la France de sang; c'est elle qui nous valut la confiscation des libertés publiques par le premier empire et par le second.

Vous me direz : La loi sur les associations a été promulguée. Elle est désormais la loi de tous les Français. Vous êtes un *factieux* si vous ne l'acceptez pas. Eh! Messieurs, critiquer n'est pas désobéir et à ce compte les lois, une fois votées, seraient éternelles. Or, il n'en est rien; et celles qui le sont le moins ce sont les lois *de circonstance*, les lois comme celle-ci, les lois qui n'ont pas été faites de sang-froid et à la lumière des principes, mais bâclées au milieu des haines et des colères que déchainaient le drame douloureux encore présent à toutes les mémoires.

Les jacobins disent : Plus de moines; l'ordre public l'exige! Cela veut dire en bon français : *tel est notre bon plaisir*, comme sous la monarchie. Mais qui vous garantit que demain, d'autres jacobins ne vous diront pas : « Au nom de l'ordre public : plus de propriétaires, plus de commerçants, plus de gens travaillant pour eux-mêmes ou pour leurs enfants! »

Et d'autres ensuite : « Au nom de l'ordre public, plus de famille! L'union libre et les enfants à la charge de l'Etat! »

Messieurs, quand une nation a quitté le terrain de la liberté, nul ne peut dire jusqu'où elle se laissera entraîner. *La liberté est le frein unique, nécessaire et souverain de la démocratie.* Privé d'elle, l'Etat chancelle comme un homme ivre et se porte à tous les excès.

Personnellement, je ne suis point du tout admirateur du système congréganiste, sauf pour les institutions charitables où je doute qu'on puisse jamais les remplacer avantageusement. Mais ce qui me fait ici défendre les congrégations, ce qui m'effraie pour l'avenir du pays dans les mesures qu'on a prises ou qu'on veut prendre, c'est que, bien loin d'être un *point d'arrivée*, de l'anticléralisme, comme le dit M. Buisson, ces mesures m'apparaissent comme le *point de départ de l'esprit de despotisme.*

Au moins, si l'on a décidé la mort des congrégations, ne faudrait-il pas dans l'exécution employer les procédés de la moins sympathique d'entre elles. Il semble en vérité que l'esprit jésuitique ait changé de camp.

Je ne ferai pas ici l'historique de l'application de la loi de 1901 par M. Combes. La plus sévère critique qui ait été faite de cette application nous vient de l'auteur même de la loi. Au lendemain du rejet en bloc par la Chambre des demandes d'autorisation présentées par les congrégations de femmes, M. Waldeck-Rousseau a laissé tomber de la tribune du Sénat ces paroles lapidaires : « *J'avais fait une loi de contrôle, vous en avez fait une loi d'exclusion.* » On ne peut dire mieux ni plus.

Sur les plus récentes applications de la loi, cependant, je veux noter un fait qui provoque actuellement l'ébahissement général. Tandis que dans les circonscriptions des adversaires du gouvernement on expulse, on ferme et on laïcise à outrance, par une grâce véritablement divine on ne touche ni aux congrégations, ni aux écoles, ni aux chapelles situées dans les fiefs des députés blocards.

Grâce à la protection du ministériel Fould, Lourdes continue à tenir boutique de miracles ; tandis que dans la circonscription de Seine-et-Oise où règne l'illustre agent de change radical-socialiste Berteaux, les congréganistes non autorisés ont pu rouvrir leurs écoles sans être inquiétés.

Ce ne sont là que deux exemples entre mille. Mais, comme l'a dit spirituellement notre ami Bonnefous : « Il semble que les congrégations deviennent l'apanage particulier de ceux qui votent leur mort à la Chambre et que le droit au cléricalisme soit exclusivement réservé aux populations qui élisent des députés anticléricaux ! »

S'il est vrai qu'il y ait une justice immanente, le recours à ces voies obliques peut être considéré comme une première punition pour ceux qui ont déserté la liberté. Ils se noient, pour ainsi dire, dans leur propre arbitraire. N'osant ni reculer, ni aller jusqu'au bout de leur entreprise, encore moins obéir aux sommations des intransigeants qui rélament la mort immédiate et sans phrases, il leur faut en outre avaler les peu ragoûtants morceaux d'une assez sale cuisine électorale.

Mais il est une seconde punition, plus sérieuse et plus

dure pour les gens du bloc et du gouvernement : c'est l'*inutilité*, aujourd'hui avérée et même avouée, de toute cette agitation irritante qu'on a infligée au pays. Les anticléricaux comprennent et reconnaissent qu'ils ont manqué le but, que leur grand dessein avorte misérablement.

IV. — L'Enseignement congréganiste

Lorsque la loi sur les associations eut été votée au Sénat, M. Combes déclara : « Si l'on sait tirer convenablement parti de cette loi, c'en est fait de l'enseignement congréganiste. » Or, il n'est pas douteux que la majorité se souvenait de ces paroles, quand elle porta M. Combes au pouvoir. Les adversaires de l'éducation religieuse se crurent désormais, avec une telle loi et un tel homme, maîtres de la place, maître de l'enseignement de tous les enfants français.

Eh bien! c'était là un faux calcul et une erreur de jugement. M. Waldeck-Rousseau, au cours des débats, avait pourtant maintes fois répété : « il ne s'agit pas ici d'une loi sur l'enseignement » ; ses successeurs, trop pressés et malhabiles, hypnotisés par cette vaine et détestable formule de l' « unité morale de la nation », n'écoutèrent que leur passion sans apercevoir que les moyens dont ils allaient se servir étaient aussi peu efficaces que brutaux.

Que voyons-nous aujourd'hui, en effet? M. Combes, à Clermont-Ferrand, proclamait bien haut que 10,000 écoles avaient été fermées; mais il négligeait de dire combien de ces écoles avaient été rouvertes. Un communiqué de M. Chaumié vient de le faire savoir : sur ces 10,000 écoles fermées 5,839 ont été rouvertes, soit plus de cinquante pour cent. Et notez qu'on ne donne pas le chiffre des élèves qui peut et doit probablement encore beaucoup altérer cette proportion! Il paraît même qu'en Bretagne la proportion est de cent pour cent!

Voilà ce qu'immédiatement et malgré les soudaines fermetures, l'initiative privée a pu faire. Cela donne à penser qu'avant longtemps, partout à peu près où existait une école congréganiste, une école libre ouvrira ses portes.

Et qu'est donc en général cette nouvelle école libre? C'est ici que le rapport de M. Chaumié est particulièrement suggestif : « *Sur les 5,800 écoles libres ouvertes, 3,800 ont à leur tête d'anciens congréganistes!* »

Ainsi éclate au grand jour l'inanité et la maladresse de la campagne entreprise par le ministère Combes. Le résultat le plus certain a été de faire gagner de l'argent aux tailleurs. Un grand nombre de ces estimables commerçants furent, en effet, surchargés tout à coup de besogne, ayant à transformer en redingotes une énorme quantité de soutanes.

On peut imaginer sans peine le désappointement des stratégistes du bloc. Et, comme toujours lorsqu'on fait fausse route et qu'on ne veut pas résolument en changer, on tomba de l'absurde dans le grotesque.

Un député nommé Lafferre proposa la solution simpliste d'interdire l'enseignement à tout ancien congréganiste. Par là serait créée en France une classe de parias ne jouissant plus des droits des autres citoyens. Cette solution assurément despotique, mais pas plus en somme que les autres, eut l'étrange fortune d'émouvoir la pudeur d'une partie du Bloc. Qui l'eût cru ?

C'est alors qu'un habile homme, M. Massé, découvrit un moyen terme. Interdiction serait faite aux anciens congréganistes d'enseigner pendant cinq ans dans le lieu de leur ancienne résidence et dans les communes circonvoisines. On avait fait la fortune des tailleurs en dissolvant les congrégations, on allait faire celle des entrepreneurs de déménagement et de transport avec la loi Massé. Il est clair, en effet, que son seul résultat possible aurait été un chassé-croisé d'anciens congréganistes à travers toute la France.

Un certain nombre de radicaux qui, à défaut du sens de la liberté ne manquent pas du sentiment du ridicule, eurent alors un haut-le-corps de révolte. L'honorable M. Morlot était de ceux-là, ainsi que MM. Hubbard, Henry Maret, Ch. Bos et M. Buisson lui-même ! De suite ils furent vertement tancés par les chefs d'extrême-gauche, et l'on assista à la lamentable capitulation de ces consciences désorientées : le projet Massé passa à la Chambre. Vous savez que le Sénat, après intervention de M. Waldeck-Rousseau, lui a fait un enterrement de première classe.

Il fallait donc trouver autre chose pour museler l'hydre congréganiste. Le ministre de la Justice vint à la rescousse, et, dans une circulaire soi-disant interprétative, il indiqua aux tribunaux la jurisprudence relative aux sécularisations qu'il serait agréable au gouvernement de voir appliquer. Avis aux amateurs d'avancement ! le prix de « la robe rouge » était ainsi publiquement fixé.

En droit commun, la preuve incombe à l'accusation. M. Vallé prétendait la mettre à la charge du congréganiste ; poursuivi, ce serait à lui de prouver qu'il est bien sécularisé. En outre, le ministre déclarait qu'un congréganiste ne serait pas admis à prouver sa sécularisation tant que son ancien ordre, bien que dissous en France, continuerait d'exister à l'Étranger.

Avec cette ingénieuse jurisprudence, la qualité de congréganiste s'attacherait comme une tunique de Nessus aux anciens membres des ordres dissous, quoi qu'ils puissent dire et faire ; en sorte que, privés des avantages qu'ils trouvaient dans l'existence conventuelle, ils auraient à continuer d'en supporter les inconvénients pour la plus grande commodité des gens du Bloc dans l'embarras !

Malheureusement pour le gouvernement, une circulaire n'a pas force de loi ; et nombre de tribunaux dédaignèrent ces fantaisies d'un jacobinisme en délire. Gardiens des droits de l'individu, les magistrats vraiment dignes de ce nom, ceux qui cherchent à juger selon l'esprit de la loi et non à créer la loi au gré de leurs besoins de réclame, les vrais magistrats, dis-je, ont le devoir de ne point se laisser entraîner par les passions politiques du moment ; suivant le mot célèbre, ils doivent rendre des arrêts et non des services.

La circulaire Vallé ne fit donc que de rares prosélytes. Elle en fit cependant. En sorte qu'actuellement, une partie des congréganistes sécularisés reste libre d'enseigner, tandis que, de par la justice, cela est interdit à d'autres.

Messieurs, nous en sommes là. Et si bientôt, comme le demande M. Buisson, comme l'a promis M. Combes, l'autorisation est retirée aux Frères des Écoles chrétiennes, ce qui, soit dit en passant, coûtera à l'État et aux villes plus de 300 millions (ils donnent en France l'enseignement à 800.000 enfants), on verra tout simplement sur une plus vaste échelle se reproduire ce que je viens de vous exposer. Les écoles libres pulluleront de plus en plus, les frères changeront d'habit ; si la loi Chaumié, que j'approuve pleinement quant à moi (1), est votée, ils se pourvoiront des diplômes exigés, et il n'y aura rien de changé en France ; il

(1) Au moment de la conférence de Viels-Maisons (8 nov.) le projet Chaumié n'avait encore été enrichi (?) ni de l'amendement Delpech, ni de l'article additionnel permettant la fermeture des écoles libres PAR DÉCRET. La première de ces dispositions prive du droit d'enseigner les membres des congrégations *même autorisées* ; la seconde met l'existence des écoles laïques libres *à la merci du bon plaisir gouvernemental*. Il n'est pas un républicain digne de ce nom qui ne déplore et ne condamne ces nouvelles atteintes portées à la liberté.

n'y aura qu'un peu plus de haine et de rancune semées dans les esprits, un peu plus de division parmi les citoyens.

V. — Le Monopole de l'Enseignement

Que penser de ce résultat logique et probable ? Les Républicains Progressistes, en raison même de leur attitude dans cette lutte, sont représentés sans cesse comme les ennemis de l'école laïque. Rien n'est plus injuste et plus faux et je vous montrerai tout à l'heure qu'ils sont au contraire ses plus fermes et ses plus fidèles amis. Mais avant tout ils sont les amis de la liberté de conscience, dont la liberté de l'enseignement n'est qu'un cas particulier; ils sont les défenseurs de la liberté du père de famille et du droit que lui donne la loi naturelle d'élever ses enfants selon les principes qu'il croit bons et salutaires, principes dont il est seul juge.

Messieurs, il faut choisir ! L'enfant appartient au père ou à l'Etat. Si vous décidez qu'il appartient à l'Etat, c'est la *fin de la famille.* L'Etat doit prendre l'enfant au sevrage, le nourrir et l'élever entièrement. Car on ne voit vraiment pas pourquoi le père subirait la charge d'élever un être qui, par son éducation, lui sera moralement étranger. Dans cette voie nous retournons tout droit au système des républiques de la Grèce antique, c'est-à-dire à quelque trois mille ans en arrière.

Vous croyez que j'exagère et que je me livre à des comparaisons fantaisistes ? Je ne suis, au contraire, qu'un écho très fidèle, un rapporteur littéral du système qu'a fait prévaloir au congrès radical-socialiste de Marseille le sénateur Lintilhac, battant sur ce point l'opinion plus timidement jacobine de M. Buisson, système que M. Lintilhac a du reste exposé de nouveau quelques jours après à la tribune du Sénat.

Pour ce moderne Lycurgue, l'Etat a tous les droits et la famille aucun. L'Etat doit, par l'éducation des enfants, assurer *l'unité intellectuelle et morale de tous les citoyens.*

Je ne crois pas qu'on ait jamais émis à aucune époque une prétention plus absurde et plus irréalisable que celle de cette fameuse unité morale et intellectuelle des quarante millions de Français. Voyez-vous la France peuplée de quarante millions d'exemplaires, tous pareils, des médiocres jacobins qui nous oppriment ! Et ces mêmes gens qui poursuivent ce but chimérique, ont toujours le mot de « science » à la bouche! Comme si la science ne nous criait à chaque pas que la nature et la vie sont la perpétuelle négation de cette uniformité monstrueuse, de ce nivellement imbécile; comme si la civilisation et la science elle-même ne jaillissaient point du choc des cerveaux divers, des libres initiatives, des libres envolées de l'esprit!

Et est-ce là uniquement le système de gens intransigeants que je vais chercher loin de nous? Nullement. Si j'ai parlé des congressistes de Marseille, c'est qu'ils ont été particulièrement nombreux et bruyants. Mais à Château-Thierry même, dans une réunion contradictoire qui eut lieu la veille des dernières élections législatives, je me souviens parfaitement, et d'autres ici se souviendront, d'avoir entendu M. Morlot réclamer énergiquement le monopole de l'Enseignement pour l'Etat, soutenir en propres termes que l'enfant appartenait non au père, mais à l'Etat, enfin émettre cette thèse phénoménale qu'il n'existait pas de raison pour qu'il y eût un enseignement libre plutôt qu'une justice libre.

Le droit d'enseigner, disait-il, doit être une délégation de la puissance publique comme le droit de juger.

Je laisse, Messieurs, à votre bon sens la critique de cette thèse que nous fûmes tous stupéfiés d'entendre émettre par un homme qui nous avait jusque-là habitués à des opinions moins paradoxales, et moins irréfléchies.

Je dis *irréfléchies*. Car lorsqu'on se proclame aussi ouvertement sectateur de la religion de l'Etat, lorsqu'on érige l'Etat en maître absolu, il faut voir clairement où l'on va.

Il plaît à M. Lintilhac, il plaît à M. Morlot de ne livrer à cet Etat-Moloch que nos enfants.

Pourquoi rien qu'eux? Vous voulez que l'Etat soit seul maître des jeunes cerveaux? D'autres, plus positifs, vos alliés d'aujourd'hui, vos successeurs de demain, les socialistes, veulent le faire maître de tous les biens et de toutes les personnes. C'est à l'expropriation et à l'esclavage collectiviste que mène tout droit la doctrine du monopole : *aujourd'hui le collectivisme de l'enseignement, demain le collectivisme intégral!*

M. Jaurès ne s'y est pas trompé et il écrivait dernièrement cette phrase significative que les amis de M. Morlot feront bien de méditer :

Peut-être les radicaux qui demandent aujourd'hui avec nous le collectivisme de l'enseignement seront-ils embarrassés un jour pour combattre le collectivisme de la production.

Et avec sa fine ironie, M. Henry Maret commente ainsi ce passage :

Il est certain que, du moment où l'on charge l'Etat de fournir le pain de l'esprit à tout le monde, il n'y a aucune raison pour ne pas le charger également de fournir le pain du corps..... Je ne vois pas quel argument pourront opposer à Jaurès et aux collectivistes les bons bourgeois étatistes qui voudraient bien que l'Etat eût les écoles, mais qui ne voudraient pas qu'il eût les boulangeries..... C'est un spectacle amusant (?) de voir tant de gogos se précipiter dans le collectivisme sans s'en apercevoir ; et en criant, quand ils y sont en plein, qu'ils n'iront pas jusque-là.

Aussi bien M. Jaurès, dernièrement encore, disait dans un discours aux ouvriers de Tarbes :

La République n'est qu'un vain mot, si l'Etat ne vous loge pas, ne vous nourrit pas, ne vous habille pas et ne vous chauffe pas.

Je recommande cette aimable perspective aux « bons garçons » qui se plaisent à flirter avec le socialisme ; aux imprudents surtout qui le font sans en avoir conscience !

Voilà les conséquences extrêmes du monopole de l'éducation par l'Etat : Abolition des droits du père de famille, violation de ses sentiments les plus intimes et les plus sacrés, glissade vers le collectivisme intégral.

Mais il est un autre point de vue du monopole que je ne puis passer sous silence, c'est l'*intérêt de l'Université elle-même.*

Je vous disais que les Progressistes étaient les meilleurs amis de l'Université. Cette amitié exclut les flagorneries dont l'abreuvent au hasard les arrivistes, et exige qu'on lui montre la vérité tout entière.

Nous la prouvons donc tout d'abord en nous efforçant d'écarter de l'Université cet énorme et dangereux cadeau du monopole. Il serait pour elle, je le crains, comme ces présents empoisonnés que, dans les mélodrames, on voit le traître remettre à celui qu'il veut perdre. A peine le héros a-t-il touché l'objet fatal qu'il sent son corps se glacer et tomber en décomposition.

De même, il est fort probable que l'Université, gratifiée du monopole, bien loin d'y puiser une nouvelle force, serait de suite en proie aux plus grands troubles.

En premier lieu, libérée de toute concurrence à tous les degrés de l'enseignement, l'Université perdrait par là même un des plus puissants facteurs de progrès.

Si encore les établissements universitaires étaient libres dans le choix de leurs programmes et de leurs méthodes et ne faisaient qu'emprunter des maîtres à l'Etat, on pourrait espérer une utile émulation entre eux. Mais il en sera nécessairement de moins en moins ainsi à mesure que triomphera l'Etatisme. L'Université sera alors une ad-mi-nis-tra-tion comme toutes les autres, et comme elles, risquera fort de tomber en léthargie. De même que la concurrence engendre le progrès, de même la régie de l'Etat engendre la routine et la médiocrité; c'est un fait d'expérience. Il y a là certes un danger pour l'Université; et ce sont des universitaires distingués qui l'ont signalé les premiers.

Le second danger du monopole et le plus grand, sera la soumission de l'Université à la dictature des groupes politiques qui se succéderont au pouvoir. Cela est, en effet, inévitable : il est dès maintenant avéré que ce que veulent les jacobins radicaux ou socialistes, c'est avoir dans la main une troupe de *catéchistes* pour faire entrer dans toutes les têtes *leurs* doctrines morales politiques et sociales.

C'est ainsi que Napoléon, leur modèle, créant en 1808 le monopole, imposait comme base de l'enseignement : 1° Les préceptes de la religion catholique, 2° La fidélité à l'empereur et à sa dynastie !

Donc, dévouement garanti par l'affiliation à la secte dominante, enseignement obligatoire des doctrines de cette secte; voilà en quoi se résume et où aboutit le monopole.

Hors de l'Eglise point de salut ! Tous ceux qui n'auront point accompli les rites, et donné des gages aujourd'hui au radicalisme, demain au socialisme, seront chassés comme mauvais *agents*; je dis agents car à ce moment, en effet, l'École sera vraiment devenue une succursale de la sous-préfecture.

Lisez, dès maintenant, la *Lanterne*, l'*Action* : on ne parle déjà que de dénonciation, de trahison, d'épuration nécessaire du personnel enseignant. On ne veut plus de ces maitres qui, en toute indépendance, puisaient dans leur intelligence et dans leur cœur l'inspiration de leur enseignement. La plate obéissance aux ordres d'en-haut devient la première vertu dans l'université jacobine que créera le monopole; et dans cette caserne il n'y aura plus place pour les libres esprits.

Que certains ambitieux, comptant plus sur les intrigues politiques que sur leur talent pour arriver, souhaitent cette transformation, c'est possible. Les universitaires que j'ai eu l'honneur de connaitre, m'ont donné d'eux une idée assez haute pour que j'attribue à la majorité du corps enseignant une opinion différente.

Leur propre liberté est plus nécessaire aux membres de l'Université que la disparition de la liberté de l'enseignement, et ils sont assez clairvoyants pour apercevoir que ces deux libertés sont liées étroitement l'une à l'autre.

***

Et maintenant, Messieurs, d'un regard en arrière considérez la marche et les résultats de la méthode jacobine :

Pour s'emparer des esprits, on dissout les congrégations enseignantes; puis on veut mettre hors la loi commune toute une classe de citoyens, les anciens congréganistes; puis, comme ceux-ci peuvent être remplacés dans les écoles libres par des prêtres séculiers ou des laïques indépendants, on prétend supprimer toute liberté de l'enseignement, soit ouvertement comme le demande M. Lintilhac, soit hypocritement comme tente de le faire le projet Thézard; enfin la fraction la plus avancée du Bloc ne nous cache pas la façon dont, une fois le monopole obtenu, elle entend faire de l'Université un instrument de règne.

Cet aboutissement de la politique jacobine ne pourrait finalement produire que le dégoût, l'abaissement des caractères et l'affaiblissement du niveau intellectuel de la nation.

A nous d'ouvrir les yeux, de réfléchir et de signifier aux mauvais bergers que nous n'entendons pas les suivre dans cette voie néfaste!

V. — Le Concordat

J'en arrive, Messieurs, à cette troisième conquête réclamée par M. Buisson pour assurer le triomphe définitif de l'anticléricalisme : la Séparation de l'Eglise et de l'Etat.

Dès l'abord, je risque d'être enfermé par mes adversaires dans un dilemme. — Vous venez, diront-ils, de vous faire l'avocat de la liberté. Donc, logiquement, vous devez plaider pour la Séparation de l'Eglise et de l'Etat, c'est-à-dire pour *l'Eglise libre dans l'Etat libre*. La Séparation, c'est la liberté pour tout le monde.

Le dilemme serait, je l'avoue, écrasant, si le pivot

du raisonnement, l'Eglise libre dans l'Etat libre, était une donnée exacte ou même simplement sérieuse. Malheureusement, nul n'ignore que, dans les circonstances actuelles, il n'est nullement question de donner la liberté à l'Eglise, mais, tout au contraire, de soumettre l'Eglise à un régime d'exception, de *privilège à rebours*.

J'ai voulu de suite écarter cette objection parce qu'elle court les rues et parce que les radicaux-socialistes, dont la franchise n'est pas la plus grande vertu, en usent constamment devant les âmes simples, ou qu'ils supposent telles.

Je rappelais tout à l'heure la réunion contradictoire de MM. Morlot et Uhrich à Château-Thierry. M. Uhrich, dont je me sépare nettement sur ce point, préconisait la Séparation. Elle existe, disait-il, depuis cent ans dans la plus grande et la plus libre République du monde, aux Etats-Unis d'Amérique; elle y donne de bons résultats; pourquoi n'en serait-il pas de même chez nous? Et M. Morlot, à son tour, appuyait complaisamment sur la même considération, regrettant seulement qu'on lui ait « chippé » un article de son programme, ce qui, selon lui, ne pouvait être qu'une abominable manœuvre jésuitique.

S'il eût eu lui-même plus de bonne foi, il aurait pris garde que M. Uhrich mettait comme condition essentielle de la Séparation, qu'elle serait faite dans *un esprit d'équité et de liberté*.

S'il en devait être en effet ainsi, nul plus que moi ne serait partisan de la Séparation. Mais nous allons voir comment le parti auquel appartient M. Morlot entend, en cette matière, les idées d'équité et de liberté; car toute la question est là. La Séparation comme en Amérique! ce pays où chaque séance du Congrès s'ouvre par une prière, où les sectes chrétiennes pullulent, où les églises diverses poussent à chaque coin de rue comme des champignons, où le mouvement religieux à une vitalité qu'on ne retrouve nulle part ailleurs! Véritablement, c'est une douce utopie ou une mauvaise farce de nous présenter une comparaison entre ce qui existe là-bas et ce qui pourrait exister chez nous. Croyez-en un homme qui a vu longtemps et de près les êtres et les choses des Etats-Unis.

Ce qui pourrait exister chez nous? Mais nous sommes aujourd'hui parfaitement fixés. La séparation française de l'Eglise et de l'Etat est descendue des nuages, et, pour notre plus grand profit, elle a pris corps dans les projets de MM. de Pressensé et Briand. Ces projets en ont établi les bases et les conditions.

Bien qu'aucun d'eux ne nous plaise, il serait injuste cependant de ne pas établir entre eux une notable différence. Le point par où ils se touchent c'est que tous deux organisent une *police des cultes* qui, sous prétexte de réprimer les écarts des prêtres, les met, ainsi que les associations religieuses, *hors du droit commun*.

Seulement, tandis que le projet Pressenssé, que M. Monod a qualifié à bon droit de cosaque, n'est qu'un long et minutieux catalogue de mesures haineuses et tyranniques, le projet Briand est plus modéré dans ses dispositions et son esprit, quoique toujours antilibéral.

M. de Pressenssé, dont la piété pratiquante et le libéralisme étaient jadis édifiants (il a même, ce qu'auraient assurément fait peu de libéraux, tenté autrefois une justification de l'infaillibilité papale et du pouvoir temporel !), M. de Préssensé, dis-je, a trouvé son chemin de Damas dans l'affaire Dreyfus et ne rêve depuis lors que ruine de l'Eglise et révolution sociale. Son projet est tellement inquisitorial et brutal qu'il a effarouché un grand nombre des membres de la « Ligue des Droits de l'Homme et du Citoyen ». Ils protestèrent contre la décision de leur comité adoptant ce projet. Comme M. de Pressenssé vient d'être nommé président de ce même comité, il est à croire qu'une épuration va se faire ou s'est faite dans cette ligue si peu fidèle à son enseigne !

M. Briand, quoique collectiviste, n'a pas eu, après la publication de son travail, une très bonne presse de gauche. C'est tout juste si on ne l'a pas traité de clérical et de calotin comme un simple progressiste ! Malgré les peines spéciales édictées contre les délits commis par les prêtres ou les fidèles, le projet Briand n'a été admis qu' « à correction » (et l'on sait ce que cela veut dire) par les anticléricaux farouches du Bloc.

Je n'en puis ici discuter les détails et la question de droit. Je ne veux que signaler tout ce qu'il y a de critiquable et dangereux dans cette organisation d'*une police des cultes*, regardée comme le *complément nécessaire* de la séparation de l'Eglise et de l'Etat.

Quoi qu'on fasse et quelles que soient les intentions premières du législateur, il est inévitable qu'en des mains jacobines, cette police des cultes ne dégénère rapidement en *police des consciences*. La porte sera ouverte à toutes les surenchères ; des lois de circonstance aggraveront les premières lois votées ; et l'on en arrivera fatalement à la véritable persécution, à l'interdiction du culte lui-même.

Sont-ce là, Messieurs, des craintes vaines ? Il faudrait

avoir une bien courte prévoyance et une mémoire encore plus courte pour l'affirmer ! Rappelez-vous les phases qu'a traversées la question religieuse sous la Révolution.

C'est d'abord la constitution civile du clergé qui précipite l'Eglise de France dans une crise terrible. Les prêtres réfractaires au serment sont condamnés au bannissement, puis à la déportation, puis à la mort. Les prêtres assermentés seront-ils plus heureux ? Avec la chute des Girondins commence le règne de la Terreur; la déesse Raison, puis le nouveau culte établi par Robespierre triomphent. Dès lors, les prêtres assermentés qui ne déposent pas leurs lettres de prêtrise sont traités en suspects et emprisonnés. Gobel, l'évêque constitutionnel de Paris, vient les remettre en grande pompe sur le bureau de la Convention, ce qui ne l'empêche pas, du reste, d'être envoyé peu après à la guillotine. Les églises sont fermées ou désaffectées.

En province, les représentants jacobins en mission dans les départements agissent avec le même arbitraire. Voici, par exemple, une curieuse proclamation du citoyen Lequinio, en l'an II, aux citoyens de la Vendée, Deux-Sèvres et Charente-Inférieure :

> Afin que la liberté des cultes existe dans toute sa plénitude (!) il est défendu à qui que ce soit de prêcher ou d'écrire pour favoriser quelque culte, quelqu'opinion religieuse que ce puisse être. Celui qui se rendra coupable de ce délit, sera arrêté à l'instant, traité comme un ennemi de la constitution républicaine, conspirateur contre la liberté française et livré au tribunal révolutionnaire établi à Rochefort.

Voici une autre proclamation du représentant Siblot dans la Seine-Inférieure, du 18 Germinal, an II :

> Considérant que les prêtres assermentés qui n'ont pas abdiqué leurs fonctions en déposant leurs lettres de prêtrise sont *réfractaires à la volonté générale* (!) ; ils devront dans les vingt-quatre heures donner au chef-lieu du district leur nom, puis se rendre à la maison d'arrêt désignée. Faute de quoi ils seront tenus pour rebelles et poursuivis comme agents et complices des ennemis de la liberté.

Enfin, permettez-moi encore la citation suivante :

Le 29 pluviose an III, Michaud, représentant dans l'Indre, écrit au Comité de Salut public :

> ..... Les habitants des communes rurales paraissent tenir opiniâtrement à la messe..... Si l'empire de la raison ne les détache pas de cette habitude, je pourrais faire fermer les églises qui l'entretiennent.

Voilà, Messieurs, à quel point on en était arrivé sous le régime conventionnel.

Sous le Directoire, la loi du 3 ventose an III proclama

de nouveau la liberté du culte *en établissant la séparation de l'Eglise et de l'Etat*. Qu'arrive-t-il en pratique? Moins de deux ans après, fut installé un régime d'exception, d'arbitraire gouvernemental.

La loi du 19 fructidor an V établit que tout prêtre quelconque, ancien réfractaire ou assermenté, peut être déporté *par simple arrêté motivé.*

C'était à proprement parler, la résurrection des « lettres de cachet » dont l'abus avait amené, le 14 juillet 1789, la prise de la Bastille par le peuple. Usant de cette loi, le Directoire, en deux ans, lança *neuf mille neuf cent soixante-neuf arrêtés de déportation!*

C'est ainsi que les Jacobins d'autrefois réalisèrent la conception de l'Eglise libre dans l'Etat libre! Avais-je raison de dire que le régime de la Séparation en des mains jacobines, loin d'assurer la paix et la liberté, *organise la guerre religieuse*, avec ses haines atroces, ses persécutions et aussi ses revanches et ses représailles.

Car, Messieurs, ne vous y trompez pas : Ce même bas clergé de France qui, à l'aurore de 1789, était de cœur avec la Révolution, après les épreuves qui suivirent, se jeta corps et âme dans les bras de l'adversaire de ses persécuteurs. Il apporta, sans réserve, tout son crédit et toute son influence à Bonaparte en ce jour de Brumaire où, si facilement, il s'empara de la France écœurée et meurtrie par sept ans de jacobinisme!

Sachons donc profiter des leçons de l'histoire et prenons garde de ne pas lancer la République en des aventures au bout desquelles l'attend le césarisme!

Mais, Messieurs, si je réprouve, dans les projets de Séparation indiqués, le système de police des cultes si redoutable dans ses suites, je ne puis refuser d'admettre, en une certaine mesure, la justesse de l'idée qui a fait proposer cette police.

Il est indéniable que dans un pays comme la France, où la majorité des habitants est catholique, où l'Eglise catholique occupe historiquement et pratiquement une place si importante, le pouvoir civil commettrait une très grave faute en se *contentant d'ignorer l'Eglise*, en admettant qu'elle fût traitée comme une association quelconque.

Il est inutile de rappeler les excès où peut conduire l'égarement du sentiment religieux : ils sont présents à tous les esprits. Encore faut-il pour être équitable reconnaître que ces excès furent non seulement le fait des catholiques vis-à-vis les protestants en France, des protestants vis-à-vis les catholiques à Genève et en Angleterre, mais le fait aussi des sectateurs des cultes rationalistes, des jacobins de 93.

Nous avons clos, je l'espère, l'ère des bûchers comme celle de la guillotine, mais l'esprit sectaire a survécu et avec lui les déviations de l'idée religieuse. Il y a là un danger pour la paix intérieure de la nation. Une politique avisée et prudente exige donc qu'un gouvernement digne de ce nom ne ferme pas volontairement les yeux sur l'organisation et le fonctionnement des différents cultes.

Donc, dans cette question des relations de l'Église et de l'État, nous nous trouvons d'une part vis-à-vis d'un arbitraire détestable qui prend hypocritement le masque de la liberté; d'autre part, vis-à-vis d'une liberté complète qui ne serait pas sans de sérieux inconvénients pour le bon ordre et la suprématie incontestée du pouvoir civil, dont nous sommes plus jaloux que personne.

Si l'on veut à la fois respecter la liberté, sauvegarder la suprématie du pouvoir civil et éviter les conséquences déplorables d'une séparation avec police tyrannique des cultes, il n'existe *qu'une* solution : c'est le régime contractuel, c'est le Concordat. Il est le libre engagement pour les parties de se comporter selon une règle déterminée d'un commun accord; il est à la fois la liberté dans son principe et une obligation dans la manière de se conduire. Grâce à lui, nous avons eu dans ce pays, troublé par tant d'orages, cent ans de paix religieuse. Ne l'oublions pas.

Oh! je sais que le Concordat n'est plus à la mode pour le moment et qu'il est très vieux jeu de le défendre. On risque de se faire rire au nez à droite comme à gauche. Quoi d'étonnant? A droite comme à gauche n'a-t-on pas besoin du gâchis pour percer et prospérer? Mais, je l'ai dit au début, les sarcasmes ne nous émeuvent pas. Il y a un snobisme anticlérical et révolutionnaire comme il y a un snobisme clérical et réactionnaire. Nous ne sommes snobs en aucune manière; nous ne sommes pas hypnotisés par la mode du jour, nous ne nous contentons pas d'une estampille; nous voulons des raisons.

Or, quelles raisons fait-on valoir contre le Concordat?

M. Buisson en veut la dénonciation parce que, dit-il, c'est un suprême privilège dont jouit l'Église catholique, une survivance de la situation prépondérante qu'elle occupait sous l'ancien régime.

Il y a là une double confusion qui saute aux yeux.

D'abord il n'existe aucun rapport entre la situation du clergé concordataire et celle du clergé d'autrefois. Avant 1789, le clergé était un ordre privilégié, c'est-à-dire jouissant d'exemptions et d'immunités nombreuses. Il n'était pas appointé mais vivait du revenu de biens immenses. Le haut clergé, recruté exclusivement parmi les cadets de la noblesse, en recevait la plus grande part. Le clergé d'aujourd'hui, directement salarié par l'Etat, soumis aux mêmes obligations que tous les Français (y compris le service militaire), est peut-être le corps dont le recrutement est le plus universellement démocratique. Comment, dès lors, risquer une comparaison entre ce qui est et ce qui fut ?

D'autre part, qui dit culte privilégié, dit culte qui jouit d'un privilège par rapport aux autres cultes. Il en était effectivement ainsi dans l'ancienne France pour l'Eglise catholique. Aujourd'hui, au contraire, le régime concordataire met sur le même pied les cultes protestant, israélite et catholique. Tous sont égaux devant l'Etat.

Mais, dira-t-on, avec le système du Concordat, c'est-à-dire des prêtres payés par l'Etat, les libres-penseurs, ceux qui détestent la religion et la considèrent comme une superstition malfaisante, ne bénéficient en rien de la dépense faite par l'Etat pour favoriser l'existence d'un certain idéal moral chez certains citoyens. Il y a donc là, tout au moins, une injustice dans la répartition de la manne budgétaire.

Mes observations précédentes répondaient déjà par avance à cette objection. Il y a une question de fait et une question politique. Le *fait* est que l'immense majorité des Français, hommes et femmes (je mentionne ici intentionnellement les femmes, car trop souvent dans les discussions on néglige de les prendre en considération, ce qui est une lâcheté et une injustice, puisque, n'ayant pas droit de vote, elles sont représentées par les électeurs hommes), le *fait*, dis-je, est que l'immense majorité des Français appartient à un des cultes reconnus. La *considération politique* est que l'Etat a le devoir de ne pas se désintéresser de ces cultes, tout en n'en troublant pas la liberté.

Une seconde réponse sera que l'impôt en France a un caractère de généralité et non de spécialité. Vous payez une somme globale pour *tous* les services du budget et non telle somme pour tel service. C'est ainsi que vous payez, peut-être sans le savoir, pour l'entretien de l'intéressant corps des danseuses de l'Opéra de Paris, lequel ne vous est probablement, à Viels-Maisons, que d'une médiocre utilité. Vous payez pour conquérir et coloniser des pays dont beaucoup de Français ne connaissent que très vaguement l'emplacement géographique. Bien plus! La moitié des électeurs, *à deux cent mille près* (1), qui constitue la minorité, paie des fonds secrets qui ne sont rien autre chose entre les mains du ministère que des verges pour les fouetter! Tout cela est admis, parceque réputé d'intérêt général. Or, je suppose, et vous penserez sans doute avec moi, que la paix intérieure du pays est d'un intérêt bien autrement grand et général que les estimables institutions dont je viens de vous énumérer quelques-unes. J'ai, pour moi, la conviction que cette paix n'est pas achetée trop cher au prix du budget des cultes.

Il est un autre vice que l'on reproche encore au Concordat avec plus de raison en apparence.

Le Concordat, dit-on, ne met pas suffisamment le clergé sous la dépendance du pouvoir civil. Il ne donne au gouvernement aucun moyen efficace de réprimer les manquements des prêtres. Ses sanctions sont dérisoires.

Je reconnais que l'appel comme d'abus et les suppressions de traitement ne sont point des châtiments très durs. Seulement, je ne vois pas qu'il y ait à regretter autant que certains le font la légèreté peut-être excessive de ces peines.

Je crois au contraire qu'en frappant très fort les délinquants revêtus d'un caractère sacerdotal (sauf bien entendu pour les crimes et délits de droit commun), on manque le but de la répression qui est d'intimider par l'exemple, et l'on produit généralement un effet opposé. Boissy d'Anglas a dit : « La persécution fait naitre et alimente le fanatisme. » Or quel prêtre, quel évêque emprisonné ou banni *pour délit de parole* ne crierait pas et ne ferait pas crier toujours à la persécution avec quelqu'apparence de fondement?

Aujourd'hui, le pouvoir civil, quand un acte d'insubordination ou d'inconvenance se produit, en appliquant les peines légères dont il dispose, fait pour ainsi dire simplement *appel à l'opinion*. Il lui dénonce le fait, l'atteinte qui a été portée à l'autorité de ceux qui représentent la nation; il invite ainsi les citoyens à réprouver à leur tour de semblables agissements. Eh bien! je dis que dans la plupart des cas, l'État a *ainsi le beau rôle* et *obtient le résultat désirable*. La violence reste du côté des

(1) Il ne faut jamais en effet perdre de vue que le Bloc n'obtint aux dernières elections que deux cent mille voix de plus que l'opposition dans toute la France. Cela permet de mesurer ce qu'il y a d'odieux dans la tyrannie actuelle et, heureusement aussi, la possibilité d'en être délivré lors de la prochaine consultation nationale!

révoltés, et la violence n'est jamais à la mode pour longtemps. Les fidèles qui remplacent de leur bourse le traitement supprimé se lassent vite, et peu à peu le délinquant comprend que le meilleur parti est encore de se tenir tranquille et respectueux du pouvoir qui le salarie avec une régularité non sans agrément.

Eh! Messieurs, pensez-vous en vérité que toutes ces dispersions de congrégations et cette fermeture de dix mille écoles auraient été réellement si faciles, si le Gouvernement se fût trouvé vis à vis d'un clergé sur lequel il n'aurait possédé d'autre action que la menace de prison ?

Voyez, au contraire, avec quelle habileté consommée M. Waldeck-Rousseau a su jouer de la situation, je serais tenté de dire, « fonctionnarisée » du clergé séculier. Voyez comme il a pu séparer les deux causes et obtenir, sinon l'adhésion des évêques à ses desseins, du moins un effacement que beaucoup qualifièrent de défaillance. Sous un régime de séparation, vous auriez vu la moitié du clergé et tous les évêques se faire mettre exprès sous les verrous. Au lieu de quelques inoffensifs et ridicules sièges de couvents, vous auriez eu partout la lutte dans la rue généralisée et sanglante.

Ce n'est pas, croyez-le bien, au gouvernement de M. Combes, si brutal et si maladroit, qu'est dû le demi-calme des exécutions, mais au régime concordataire grâce auquel le clergé n'a pas bougé par crainte de perdre les avantages qui s'y trouvent attachés.

Ne nous laissons donc pas entraîner par des courants d'idées toutes faites, d'opinions incontrôlées, sorties de ces officines secrètes où l'on ne connaît d'autres mobiles que les appétits déchaînés et la haine aveugle.

Nous avons dans le Concordat un instrument qui, quoiqu'on en dise, a fait ses preuves. Il n'est point parfait, sans doute, mais il est la solution la moins imparfaite que, dans l'état politique et moral de notre pays, nous puissions espérer.

Il a par-dessus tout l'incomparable avantage de sauvegarder le principe de liberté qui succomberait inévitablement avec la séparation !

VI. — Conclusion

Ainsi, Messieurs, et pour me résumer, on demandait à l'anticléricalisme, pour achever sa tâche, la destruction des trois derniers privilèges de l'Eglise. Ce trop long entretien a essayé de vous montrer qu'aucun de ces soi-disant privilèges n'existe plus.

Par conséquent, si l'anticléricalisme est encore légitime comme doctrine affirmant la suprématie de l'Etat laïque, l'anticléricalisme militant n'a plus de raison d'être pour les hommes de bonne foi.

Oh! pour les autres, c'est autre chose! Non seulement l'anticléricalisme militant a une raison d'être pour eux, mais *il est* leur raison d'être. Otez aux radicaux l'anticléricalisme, ils se vident subitement comme un ballon percé d'un coup d'épingle. Les réformes sociales, voire même le fameux impôt sur le revenu, n'ont pour eux que des charmes secondaires; il y a de ce côté-là des ogres socialistes dont les dents longues les mettent mal à l'aise. L'anticléricalisme leur semble autrement confortable et lucratif! Aussi lui sacrifient-ils la liberté d'un cœur léger.

Il n'en doit pas être de même pour ceux qui comprennent que sacrifier la liberté, c'est sacrifier la République. *La République est le nom, la liberté est la chose* : elles sont unies comme votre personnalité l'est à votre corps.

C'est parce que nous sommes fidèles à la République, c'est parce que nous la voulons durable et prospère en France, que nous estimons nécessaire de défendre la liberté *de tous indistinctement*.

Si j'ai pu, Messieurs, vous convaincre de cette nécessité, je me reprocherai moins d'avoir si longtemps abusé de votre indulgente attention.

13

BIBLIOTHEQUE NATIONALE
Désinfection 1984
N° 7819

www.ingramcontent.com/pod-product-compliance
Lightning Source LLC
LaVergne TN
LVHW020254230826
846091LV00006B/2403
9782013376822